경상도 말모이

니캉내캉

• 경상도 사투리 모음집 •

경상도 말모이

니캉내캉

손순옥 지음

좋은땅

저자의 말

저는 1954년 경남 밀양시에서 태어났고 외가는 경북 군위군입니다. 6살 때부터 경남 마산(현 창원시)에서 살다가 11살 때인 1964년 서울로 왔습니다.

이후 서울에서 계속 살았지만, 집 안에서는 여전히 경상도 방식으로 말하고 생활하였습니다. 그러다 보니 당시 경상도에서 사용했던 언어와 풍습을 화석처럼 보존한 셈이 되었고, 이를 기록으로 남겨두어야겠다고 생각하였습니다.

「1부 에피소드」에서는 경상도 말을 쉽게 이해할 수 있게 상황을 설정하여 에피소드로 엮었습니다.

「2부 경상도 말」에서는 독특한 관용구와 감탄사를 따로 모아서 설명하였습니다. 고유의 단어들은 명사, 서술어로 구별하였고, 표준어와 발음이 비슷한 단어들은 경상도 발음을 기준으로 표준어와 비교하였습니다.

「3부 경상도 사람」에서는 가족 관계에 따른 호칭과 신체에 대한 언어, 식생활, 의상, 일반적인 별명, 화가 났을 때 하는 말들과 풍습을 소개하였습니다.

「4부 경상도 말의 특징」에서는 경상도 지역 내의 차이와 경상도 말의 독특한 점을 설명하였습니다.

「5부 동화」에서는 저의 경험을 바탕으로 당시의 생활상을 엿볼 수 있는 이야기 두 편을 실었습니다.

마지막 「찾아보기」에서는 경상도 말의 의미와 쓰임새를 찾아보기 쉽도록 정리하였습니다.

한편, 경상도 말에는 성조(소리의 높낮이와 가락)가 있어 문자로만 표현하기에는 한계가 있었습니다. 필요한 부분에는 문자표를 이용하고, 길게 발음하는 부분에는 '-' 표시를 하였습니다.

차례

1부

에피소드

○ 와이리 좋노~

(야구장에서)

"딱"
"맞았습니다. 홈~런!"

와 이리 좋노오오~♬♬
와 이리 좋노~♪♬♪
(모두 어깨동무를 하고 밀양 아리랑 가락에 맞춰서)

응원단장: 오늘 우리가 이긴다. 맞나?
응원단: 맞다!

* 와 이리 좋노: 어찌 이리도 좋을까.

○ 어언제예

서울 총각: 식사 한번 할까요?

경상도 아가씨: 언제예

서울 총각: 토요일 5시에 만나요.

경상도 아가씨: 언제예.

서울 총각: 일요일 6시는 괜찮을까요?

경상도 아가씨: 언제예.

서울 총각: ?????

* 어언제예

얼른 들으면 '언제예'처럼 들리기도 합니다.

경상도 아가씨가 수줍어서 '아니에요'라고 하는 표현입니다.

경상도 말로 '어언제'는 '아니야'라는 뜻입니다. 여기에 존칭을 뜻하는 '예'가 붙어서 '어언제예'가 되었습니다.

'아니다'라는 부정의 의미이지만 예의상 하는 사양의 뜻도 담겨 있습니다.

이에 비해 '어데' '어데예'는 좀 더 강한 의미의 부정입니다.

(예: "너 담배 피웠지?" "어데예.")

○ 내가 니 시다바리가?

철수: 니 점빵에 가가 빵 쫌 사온나.

　　　(너 가게에 가서 빵 좀 사와라.)

영수: 니가 가라마. 내가 니 시다바리가?

　　　(네가 가려무나. 내가 너의 시다바리냐?)

* 내가 니 시다바리가?

'내가 너의 뒤치다꺼리나 하는 하찮은 놈으로 보이냐?'

영화 '친구' 명대사입니다. 모두 친구 사이지만 상택이는 우대하고 자신은 하대하는 준석(유오성 역)에게 하는 동수(장동건 역)의 대사입니다.

'시다바리'란 일하는 사람 옆에서 그 일을 거들어 주는 아랫사람을 일컫는 일본식 표현입니다.

○ 우리가 남이가?

친구1: 영숙 씨 하고 잘 되구로 우예 쫌 해도.

　　　(영숙 씨 하고 잘 되도록 어떻게 좀 해줘.)

친구2: 걱정 마라. 우리가 남이가?

　　　(걱정 마라. 우리 사이 각별하잖아.)

친구1: 그라모 니만 믿는데이.

　　　(그러면 너만 믿는다.)

* 우리가 남이가?
'우리 사이 남남이 아니잖아.'

○ 택도 없다

엄마: 니 와이카노? 어이

　　　(너 왜 그래? 으응)

딸: 그라이끼내 철이한테 시집갈 끼다.

　　　(그러니까 철이한테 시집갈 거야.)

엄마: 철이라꼬? 택도 없다.

　　　(철이라구? 어림도 없다.)

딸: 철이가 어데가 어떻다고 그카노?

　　　(철이가 어디가 어떻다고 그래?)

엄마: 인물로 보나 집안으로 보나 니한테 택도 없다.

　　　(인물로 보나 집안으로 보나 너한테 어림도 없다.)

* 택도 없다

비교 상대가 되지 않는다. 어림도 없다.

○ 쫌!

① "이거 쫌 해도."

   (이거 좀 해줘.)

② "쫌 고마해라."

   (이젠 그만해라.)

③ 아내의 이어지는 잔소리에 남편은 단 한마디만 하지요.

   "쫌!"

* '거시기'와 '쫌'

전라도에 '거시기'가 있다면 경상도에는 '쫌'이 있습니다.

'조금'이라는 뜻이지만, '그만하라'라는 뜻도 있고 'please'라는 의미도 있습니다.

○ 하모

(☎ 따르릉)

엄마: 누고? (누구세요?)

할머니: 내다. (나다.)

엄마: 와요? 뭔 일 있능교?

　　　(왜요? 무슨 일 있어요?)

할머니: 내사 별일 없다마는… 너그도 다 괜찬체?

　　　(나야 별일 없다마는 너희들도 다 괜찮지?)

엄마: 하모요. 다 잘 있심더.

　　　(그럼요. 다 잘 있어요.)

* 하모요

남해안 지방에서 부름에 답하거나 긍정적인 대답을 할 때 '하모'라고 합니다. 즉, '예', '그럼'이라는 뜻입니다. 여기에 존칭을 뜻하는 '요'가 붙어 어른에게는 '하모요'라고 합니다.

　　　　　　　　　　　경상도 말모이 니캉내캉

○ 오-야

옥이: 영희야 뭐하노? 순이한테 놀러 가자.

　　(영희야 뭐하니? 순이한테 놀러 가자.)

영희: 나 인자 가시나 그거하고 안 놀끼다.

　　(나 이제 그 기집애랑 안 놀 거야.)

옥이: 와 그라노? 사왔나?

　　(왜 그래? 싸웠어?)

영희: 가시나 그거 디기 못땠더라.

　　(그 계집애 아주 못됐어.)

옥이: 가 안 그렀타.

　　(걔 그렇지 않아.)

영희: 니는 맨날 가편만 드노?

　　(너는 맨날 걔 편만 들어?)

옥이: 오-야, 알았다 고마해라.

　　(오냐, 알았다 그만해.)

＊ '오→야→'

'오이야'로 들리기도 합니다. 표준어 '오냐'는 윗사람이 아랫사람에게 하는 말이지만, 경상도에서는 아이들도 '응', '그래' 뜻으로 '오→야→'라고 합니다.

○ 가가 가가가?

친구1: 우리 반에 디기 희성(稀姓)인 아가 전학 왔데이.

　　　(우리 반에 무척 희성인 애가 전학 왔어.)

친구2: 어지 니하고 같이 집에 가던 아 말이가?

　　　(어제 너하고 같이 집에 가던 애 말이야?)

친구1: 어, 가 성이 가가다.

　　　(응, 그 애 성이 '가' 씨다.)

친구2: 가가 가가가?

　　　(그 애가 '가' 씨야?)

* 가↗가→가가◡가↗

○ 가가 가가?

친구1: 니 우얄라꼬 가를 좋아하노?

　　　(너 어쩌려고 그 애를 좋아하니?)

친구2: 와 이뿌더만… 좋아하모 안 되나?

　　　(왜 이쁘던데… 좋아하면 안 돼?)

친구1: 가가 철이 여자친구다.

　　　(그 애가 철이 여자친구야.)

친구2: 가가 가가?

　　　(그 애가 그 애야?)

* 가↗가→가가⌢

○ 이기 마카 니끼가?

나들이 다녀온 할머니 두 분이 버스를 탔다. 흥겨운 마음이 남아 있던 할머니들이 큰 소리로 떠들었다. 그러자 서울에서 온 여학생이 한 마디 했다.

서울 여학생: 좀 조용히 하세요. 이 버스 전세 내셨어요?

할머니1: 머라? 그라모 이기 마카 니끼가?

　　　　(뭐라구? 그럼 이게 모두 네 것이야?)

할머니2: 와 카노?

　　　　(왜 그래?)

할머니1: 조기 빼이 보디마는 세냈나 안 카나.

　　　　(조것이 빤히 보더니 세냈냐 그러잖아.)

할머니2: 조막디만 한 가시나가 겁도 없는가베.

　　　　(주먹만 한 계집애가 겁도 없나 보네.)

서울 여학생: '일본 할머니들인가?'

* 이기(→) 마카(→) 니끼가(↗)?

○ 가마이 이슨이 가마이로 보이나?

친구1: 니 아아들한테 내 욕 했제?

　　　(너 아이들한테 내 욕 했지?)

친구2: 와? 내가 뭐라캤따꼬?

　　　(왜? 내가 뭐라고 했다고?)

친구1: 니가 내 욕했다 아이가.

　　　(네가 내 욕했잖아.)

친구2: 이기 와 이캐샀노?

　　　(애가 왜 이렇게 말해?)

친구1: 내가 가마이 이슨이 가마이로 보이나?

　　　(내가 가만히 있으니까 가마니로 보여?)

* 가마이(→) 이슨이(→) 가마이(→)로 보이나?(↗)

ㅇ 오다가 주따

남자친구: 아나, 이 가방 니 해라.

(자, 이 가방 너 가져.)

여자친구: 이거 어데서 났노?

(이것 어디서 생겼어?)

남자친구: 오다가 주따.

(오다가 주웠어.)

여자친구: 어데 가서 이런 거를 주 왔노? 고맙데이~

(어디에서 이런 것을 주워 왔어? 고마워~)

* 오다가 주따(오다가 주웠어)

돈이나 물건을 주면서 에둘러 하는 표현입니다. 받는 사람도 선물인 줄 알면서 에둘러서 "어디서 주 왔노?"라고 합니다.

○ 지가 마치맞게 익었다

할머니: 지가 마치맞게 익었네, 디기 맛있다.

　　　　(김치가 알맞게 익었네, 무척 맛있다.)

아버지: 그런데 국은 신겁다.

　　　　(국은 싱겁다.)

어머니: 정지 가가 종지기에 지렁 쪼매이 가와야 되겠다.

　　　　(부엌에 가서 종지에 간장 조금 가져와야겠다.)

* '지'는 김치의 옛말이고 표준어에도 흔적이 남아 있습니다.
(예: 오이지, 묵은지)

○ 때기와 빳찌

엄마: 너그 뭐했노? 방이 이기 뭐꼬?

　　　(너희들 뭐했니? 방이 이게 뭐냐?)

아이들: 아무것도 아이다.

　　　(별거 아니야.)

엄마: 마카 뒤지버 어퍼났꾸마는 아이기는 뭐가 아이고?

　　　(모두 뒤집어 엎어놓고는 아니긴 뭐가 아니야?)

큰아들: 자가 빳찌 맹글어 돌라캐가 종이 찾다가 이래됐다.

　　　(쟤가 빳찌 만들어 달라 해서 종이 찾다가 이렇게 됐어.)

작은아들: 히야가 먼지 때기치기 하자 안 캤나.

　　　(형이 먼저 딱지치기하자고 그랬잖아.)

* 때기와 빳찌

때기: 딱지

빳찌: 두 장의 종이로 엮어 만든 딱지. 종이에 따라 크기와 단단함에 차이가 있다.

ㅇ 난리버꾸통

엄마: 아침부터 와이리 난리버꾸통이고?

  (아침부터 왜 이리 난리법석이냐?)

딸: 오빠가 내 운동화를 청 밑에 잡아 던찌뿟따.

  (오빠가 내 운동화를 마루 아래로 집어 던져버렸다.)

아들: 저기 먼저 꼴등했다카미 찍짝 붙었다.

  (저것이 먼저 꼴등했다면서 시비 걸었어.)

엄마: 마카 입 다무리고 퍼뜩 학교 가라.

  (모두 입 다물고 빨리 학교 가라.)

* 찍짝 붙는다: 시비를 건다.

○ 엄마는 아들편

엄마: 저년아 가시나 저기 매쳤나….

　　(저 계집애 저것이 미쳤나….)

딸: 내가 뭐 우예따꼬? 엄마는 맨날 오빠 편만 드노?

　　(내가 뭘 어쨌다고? 엄마는 맨날 오빠 편만 들어?)

엄마: 머라? 가시나가 어데 오래비한테 달라드노?

　　(뭐라구? 계집애가 어딜 오빠한테 덤벼들어?)

딸: 와 나는 말도 못하나?

　　(왜 나는 말도 못해?)

엄마: 시끄럽다마, 저 미구같은 년이 주디만 살아가….

　　(시끄러워, 저 매구같은 년이 입만 살아서….)

* 매구: 천년 묵은 여우가 변하여 되었다는 전설상의 짐승

○ 속에 천불난다

엄마: 성적표 나왔따매?

　　(성적표 나왔다며?)

아들: 난중에는 잘할끼다.

　　(나중에는 잘할 거야.)

엄마: 하이고~ 끄티서 1등이네.

　　(아이구~ 끝에서 1등이네.)

아들: 선생님한테도 머라캐잇따.

　　(선생님한테도 야단맞았어.)

엄마: 하루 점도록 나가놀 때 내 알아봤다.

　　(하루 종일 나가서 놀 때 내가 알아챘다.)

아들: 인자 공부 열씨미 하께.

　　(이제 공부 열심히 할게.)

엄마: 시끄럽다마! 속에 천불난다.

　　(시끄러워! 열 받아서 죽겠다.)

* 속에 천불 난다: 마음속에서 큰불이 난 것처럼 열 받는다.

○ 궁디 솔난다

언니: 자 또 와 저카노?

　　　(쟤 또 왜 저래?)

엄마: 몰래~ 당최 말을 안 하이….

　　　(몰라, 도대체 말을 안 하니….)

옥이: 아까 언니가 보골 미깄다 아이가.

　　　(아까 언니가 약 올렸잖아.)

언니: 내가 비빔밥에 쌈 싸무모 궁디 솔난나 캤디마는.

　　　(내가 비빔밥을 쌈 싸먹으면 엉덩이 털 난다고 했더니….)

* 보골 미긴다: 약 올린다.

○ 헤나 시퍼가 물어봤다

딸: 나도 유학 가면 안 되나?

   (나도 유학 가면 안 돼?)

엄마: 느그 아부지가 보내주겠나?

   (너희 아버지가 보내주겠나?)

딸: 그래도 헤나 시퍼가 물어봤다.

   (그래도 혹시나 싶어서 물어봤어.)

엄마: 우짜든동 공부나 열씨미 해라.

   (어찌하든 공부나 열심히 해라.)

* 헤나 시퍼가: 혹시나 싶어서

○ 더럽고 엥꼽다

아들: 더럽고 엥꼬바서….

(더럽고 아니꼬아서….)

엄마: 와 카노?

(왜 그래?)

아들: 내 친구가 박산을 한 거 갖고 있는 기라.

(내 친구가 뻥튀기를 많이 가지고 있더라구.)

쫌 갈라 묵자 캤디마는 눈꼽째기 만큼 주더라.

(좀 나누어 먹자고 했더니 눈곱만큼 주더라.)

엄마: 추접꾸로 말라꼬 돌라캤노?

(추접스럽게 뭐하러 달라고 했어?)

아나, 우리도 박산 튀갔다.

(자, 우리도 뻥튀기 튀겼어.)

* 갈라 묵자: 나누어 먹자.

○ 오늘은 동지

며느리: 오늘 동지라꼬 팥죽 끼리났심더.

　　　(오늘 동짓날이라고 팥죽 끓여놨어요.)

시어머니: 새알도 넣지러?

　　　(새알심도 넣었지?)

며느리: 어무이 연세대로 새알 넣어 드릴까예?

　　　(어머님 연세 수만큼 새알심 넣어 드릴까요?)

시어머니: 야야, 암만 그캐도 새알을 우예 육십 개나 묵겠노?

　　　대강해라.

　　　(얘야, 아무리 그래도 새알심을 어떻게 육십 개나 먹겠니?

　　　적당히 넣어라.)

* 동지에는 나이 수만큼 팥죽 새알심을 먹는 풍습이 있습니다.

○ 영 파이다

아버지: 김장독 어데다 묻을 끼고? 여어다 파까?

(김장독 어디에 묻을 거야? 여기에다 팔까?)

어머니: 여어는 볕이 들어서 영 파이다. 저어 그늘지는 데다 파소.

(여기는 볕이 들어서 영 별로다. 저기 그늘지는 곳에 파세
요.)

* 영 파이다: 영 별로다, 아주 좋지 않다

경상도 말모이 니캉내캉

○ 내 해도 되나?

시집간 딸: 이 그릇 디기 이쁘네. 내 해도 되나?

      (이 그릇 무척 이쁘네. 나 가져도 돼?)

엄마: 니 해라마.

      (너 가지려므나.)

시집간 딸: 그러마 내가 가가까….

      (그러면 내가 가져갈까….)

엄마: 아나~ 여다 싸가고 바쁘지는 담에 올 때 꼭 가오레이.

      (자, 여기에 싸가고 보자기는 다음에 올 때 꼭 가져오너라.)

* 내 해도: 내가 가져도
  니 해라: 너 가져라
  가가까: 가져갈까
  가오레이: 가져오너라

○ 똥낀 놈이 성낸다

친구1: 아이고 쿨내야~

  (아이고 구린내야~)

친구2: 내는 아이다.

  (나는 아니야.)

친구1: 누가 똥낏노?

  (누가 방귀 뀌었어?)

친구3: (친구1을 보고)

  똥낀 놈이 성낸다 카디마는 니가 그짝 났다.

  (방귀 뀐 놈이 화낸다더니 네가 그 꼴이 되었다.)

* 그짝 났다: 그 꼴이 되었다.

○ 문디이 콧구멍에 마늘 빼먹을 놈

아재1: 어데 갔띠노?

　　　(어디 갔었어?)

아재2: 저 우에 집에 돈 쫌 채로 갔디마는….

　　　(저기 윗집에 돈 좀 빌리러 갔더니….)

아재1: 그 집 숭악하기로 소문났던데….

　　　(그 집 인심 사납기로 소문났던데….)

아재2: 문디이 콧구멍에 마늘도 빼먹겠더라.

　　　(문둥이 콧속에 있는 마늘도 빼먹겠더라.)

* 문디이 콧구멍에 마늘 빼먹을 놈
문둥이 콧속에 있는 마늘도 빼먹을 정도로 지독한 놈.

○ 알라 뒤집능교?

할머니1: 메느리 아 노로 친정에 갔다메요?

(며느리 아이 낳으러 친정에 갔다면서요?)

할머니2: 그기 언젠데요. 집에 온 지 하마 두어 달이 넘었구마는….

(그게 언젠데요. 집에 온 지 벌써 두어 달이 넘었는데….)

할머니1: 그라모 인자 알라 뒤집능교?

(그러면 이제 아기 뒤집기 하나요?)

할머니2: 어데요. 안주 뒤집지는 못하니더.

(아니에요. 아직 뒤집기는 못합니다.)

* -능교?: -하나요?

-하니더: -합니다

○ 보이소~

(점빵에서)

손님: 보이소~ 아무도 안 계십니꺼?

　　　(여보세요~ 아무도 안 계셔요?)

주인: 어서 오이소, 뭐 드릴까예?

　　　(어서 오세요. 뭐 드릴까요?)

손님: 나무저까치 있어예?

　　　(나무젓가락 있나요?)

주인: 여기 있서예. 값은 천 원이라예.

　　　(여기 있어요. 값은 천 원입니다.)

(계산 후)

손님: 잘 계시이소.

　　　(안녕히 계세요.)

주인: 고맙습니더. 잘 가이소.

　　　(고맙습니다. 안녕히 가세요.)

* 보이소: 여보세요. 가게에서 주인을 부를 때

○ 우찌마끼와 소찌마끼

(미용실에서)

손님: 고데 쫌 해주이소.

(드라이 좀 해주세요.)

미용사: 우찌마끼로 할까예? 소찌마끼로 할까예?

(어떤 스타일로 해드릴까요?)

▲ 우찌마끼   ▲ 소찌마끼

* 미용실에서 사용했던 1960년대 일본식 표현
우찌마끼: 머리카락 끝부분이 얼굴 쪽으로 말려 들어가게 하는 스타일.
소찌마끼: 머리카락 끝부분이 얼굴 바깥쪽으로 말려 나오게 하는 스타일.

○ 다 때리치아뿌라! (부부싸움)

남편: 봐라. (여보)

아내: 와요? (왜요?)

남편: 돈 다 써뿐나?

　　(돈 다 써버렸어?)

아내: 그기… 이쁜 간땅꾸가 있어가아….

　　(그게… 예쁜 원피스가 있어서….)

남편: 이래가 돈을 우예 모우노?

　　(이래서야 돈을 어떻게 모으나?)

아내: 인자 구두만 한 컬레만 디 사고 다시는….

　　(이제 구두 한 컬레만 더 사고 다시는….)

남편: 다 때리치아뿌라!

　　(모두 다 때려치워 버려!)

* 봐라: '여보'. 남편이 아내를 부를 때
* 다 때리치아뿌라
모두 박살 낼 것처럼 무섭게 들리지만, 실제로 그러는 것이 아니고 화가 났을 때
흔히 하는 말입니다.

○ 내가 이래가 우예 사노 (부부싸움)

아내: 보소. (여보)

남편: 와 카노? (왜 그래?)

아내: 그 돈 어데다 썼능교?

(그 돈 어디에다 썼어요?)

남편: 알았다. 고마해라. (알았어. 그만해.)

아내: 머라꼬요? 내 참 기가 맥히가….

(뭐라구요? 참 나 기가 막혀서….)

남편: 알았다카이! (알았다니깐~)

아내: 전에도 그캐노코 와 또 이카요?

(전에도 그래놓고 왜 또 이래요?)

남편: 자꾸 머라캐샀노? 시끄럽다마!

(자꾸 뭐라고 그러구 있어? 시끄러워!)

아내: 내가 몬산다. 내가 이래가 우예 사노.

(내가 못 산다. 내가 이래서야 어떻게 사나.)

* 보소: '여보'. 아내가 남편에게
* 내가 몬산다. 내가 이래가 우예 사노.
한심한 상황에서 넋두리하는 표현입니다.

경상도 말모이 니캉내캉

○ 깨구리 깨창났다

친구1: 철수하고 영철이가 또 한판 붙었때메?

　　　　(철수하고 영철이가 또 한판 붙었다며?)

친구2: 요분에는 영철이가 깨구리 깨창났다.

　　　　(이번에는 영철이가 완전히 박살났어.)

친구1: 가들은 뻐뜩하모 그카노?

　　　　(걔들은 걸핏하면 그래?)

친구2: 나도 몰래… 그캐싸민시나 맨날 부터 댕기는기라….

　　　　(나도 몰라… 그러면서도 맨날 붙어 다니더라….)

친구1: 그라고는 또 박터지도록 사우고….

　　　　(그러고는 또 머리통이 깨지도록 싸우고….)

친구2: 와 아이라. (왜 아니야.)

* 깨구리 깨창났다

아이들이 개구리를 잡아서 빙빙 돌리다 멀리 던져버리면 개구리가 배가 터져서 네 다리를 쭉 뻗으며 죽는 것. 싸움이나 주변 사정이 형편없이 되었을 때 하는 비유.

* 와 아이라 (맞장구 칠 때)

왜 아니겠어, 그러게 말이야.

○ 댕기는데 걸거치가 억수로 안 됐심더

경상도 말모이 니캉내캉

○ 니캉 내캉 (1)

(경상도 민요)
밤을 한 되 구해다가 살강 우에 너놨더니~
물에 빠진 새앙쥐가 오미 가미 다 까묵고
다문 한 개 남은 것은 니'캉˘ 내'캉˘ 묵자~

(표준어)
밤을 한 되 구해다가 선반 위에 넣어 두었더니~
물에 빠진 생쥐가 오며 가며 다 까먹고
다만 한 개 남은 깃은 니랑 나랑 먹자~

어른이 아이를 데리고 놀 때 부르는 민요입니다.
앉아서 팔을 쭉 뻗은 상태로 서로 마주 잡고,
노래에 맞춰 밀었다 당겼다 하며 부릅니다.
멜로디는 높낮이가 별로 없고 중얼거리는 느낌입니다.

*니'캉˘ 내'캉˘

○ 니캉 내캉 (2)

이런 민요 들어 본 적 있으세요?

아침에 우는 새는 ♪ 배가 고파 울고요 ♪
저녁에 우는 새는 ♪ 님 그리워 운다 ♪
너영 나영 ♪ 두리둥실 너영 ♪
낮에 낮에나 밤에 밤에나 ♪ 상사랑이로구나 ♪

제주도 민요 '너영 나영'입니다.
'너영 나영'은 '너랑 나랑'이라는 뜻입니다.
이를 경상도 말로 바꾸면 '니캉 내캉'입니다.

니캉 내캉
너랑 나랑
너영 나영

모두 정겹고 예쁜 우리말입니다.

2부

경상도 말

1.
독특한 관용구

관용구	설명 예문
가로 넘어갔다	음식물이 기관지 쪽으로 잘못 넘어갔다.
	물이 가로 넘어가서 기침이 나온다.
가짓 걸로	거짓 것으로(가짜로)
	가짓 걸로 울어가면서 눈치 본다.
갈라 묵자	나누어 먹자.
	밥 한 그릇으로 우리 둘이 갈라 묵자.

기함요절한다

죽거나 기절할 정도로 놀란다.

죽었다는 소리에 기함요절한다.

궁디 밑에서

엉덩이 아래에서(저자세로)

사장님 궁디 밑에서 산다.

그짝 났다

그 꼴이 되었다.

그동안 흉봤더니 지금은 내가 그짝 났다.

깨구리 깨창난다

배가 터져서 죽은 개구리 꼴 된다.

저러다간 깨구리 깨창나지러….

난리버꾸통을 지긴다	난리법석을 부리다.
	장난감 사달라고 난리버꾸통을 지긴다.
낯 씻다	세수하다
	낯 씻고 로션 발랐다.
내가 이래가 우예 사노	(한심한 상황에서 넋두리) 내가 이래서야 어떻게 사나….
	(남편이 고주망태가 됐다.) 내가 못산다. 내가 이래가 우예 사노….
내사 몰따	나는 모르겠다.
	내사 몰따~ 니 맘대로 하라마(하든지).

**노랑 오줌을 싼다**	이성을 보고 좋아해서 쩔쩔매는 모습 (주로 남자에게 사용)
	학예회에서 영희가 노래하는 모습을 보고 노랑 오줌을 싼다.
눈티 밤티	눈두덩이가 팅팅 부은 모습
	눈티 밤티 되도록 쥐터졌다.
니 같은 기	너 같은 것이(너 따위가)
	니 같은 기 뭐 안다고 떠들어 대노?
니나 내나	너나 나나
	한심하기는 니나 내나 똑같다. (한심하기는 둘 다 마찬가지다.)

똥칠 막디이로 맨든다

똥칠 당하는 막대기로 만든다.
(개망신시킨다.)

날로(나를) 똥칠막디이로 맨든다.

몸서리가 난다

진절머리가 난다.

술이라카모 몸서리가 난다.

미구딱지 같다

매구(여우)가 한 것처럼 잘한다.
(얄미울 만큼 솜씨 좋은 여자 보고 하는 말)

집을 미구딱지 같이 꾸며 났다.
(집을 깔끔하고 예쁘게 잘 꾸며 놓았다.)

박 터진다

머리통이 깨어진다.

박 터지게 사운다(싸운다).

보골 미긴다

약 올린다.

오빠야가 자꾸 보골 미긴다.

복장 터진다

속이 터진다.

남한테 말도 못하고 복장 터진다.

속에 천불난다

속에서 큰불이 난 것처럼 화가 치밀어 오른다.

빈둥거리는 백수 아들을 보니 속에 천불난다.

수두룩 빽빽하다

빽빽할 정도로 많다.

도서관에 책이 수두룩 빽빽하다.

야마리 까졌다	염치가 하나도 없다.
	야마리 까졌구로, 니는 일을 안 하고 조디(입)만 날나불거리나?
야코 죽었다	기 죽었다.
	장난치던 철수가 야단맞고 고개를 푹 숙이자 "철수 야코 죽었다."
얼런도 없다	어림 반 푼어치도 없다
	"철수한테 자전거 좀 빌릴라 카는데 빌려줄까?" "얼런도 없다."
영 파이다	영 별로다. (아주 좋지 않다.)
	"이거 어떠노(어때)?" "영 파이다."

경상도 말모이 니캉내캉

'예' 해라	'하오' 해라. (존댓말을 써라.) 선배님이니까 '예' 해라.
우리가 남이가?	우리는 남남이 아니다. (너의 일은 나의 일이나 마찬가지다.) ①상대가 실수를 하자 　"우리가 남이가?" 　(우리 사이에는 괜찮다는 의미) ②상대에게 용서를 구하며 　"우리가 남이가?" 　(좀 봐달라는 의미)
우야모 좋노	어찌해야 하나? 이 일을 우야모 좋노~

우예하다 보이

어찌하다 보니까

우예하다 보이 이래 됐심더.

애 달구다

애 태우다.

강아지한테 묵는 걸로 애 달구지 마라.

와 아이라

왜 아니겠어.
그러게 말이야. (맞장구칠 때)

"이대로만 가면 우리가 1등 하겠다."
"와 아이라."

와이리 좋노

어찌 이리 좋을까. (아이 좋아라~)

(복권에 당첨되고) "와이리 좋노~"

찍짝 붙는다

시비 건다.

백지(괜히) 와서 찍짝 붙는다.

택도 없다

비교 상대가 아니다.
어림도 없다.

"가방(십만 원) 하고 지갑(이만 원) 하고 바꾸자."
"택도 없다."

한테 산다

함께 산다.
(동거한다.)

시부모하고 한테 산다.

**허패가
히뜩 뒤비진다**

허파가 해뜩 뒤집어진다.
(속이 뒤집힌다.)

그 일만 생각하면 허패가 히뜩 뒤비진다.

2.
명사

경상도 말	표준어	예문
가시개	가위	가시개로 삐무리라(오려라).
거랑	내	거랑에서 고디(고둥) 잡자.
개살	심술궂은 장난기	눈에 개살이 졸졸 흐른다.

군대	그네	군대 뛰로(그네 타러) 가자.
귀티	귀퉁이	귀티가 뽀쪽하다.
까막딱지	(피부) 검은 점	손등에 까막딱지가 생겼다.
깔딱질	딸꾹질	깔딱질이 계속 난다.
깨악질	구역질	하도 더러워서 깨악질이 나온다.

꼬라지	꼬락서니	꼬라지가 말이 아이다(아니다).
꼭따리	꼭지	오이 꼭따리
꽁디	꽁무니	꽁디 매달렸다.
끄내끼	끈	끄내끼로 무까라(묶어라).
끄티	끝	끄티 시누(막내 시누이)

경상도 말모이 니캉내캉

납짝꽁	눌러서 납작하게 된 상태	빵을 여러 개 쌓아두었더니 제일 밑 것은 납짝꽁이 되었다.
당세기	상자	잡동사니 담아 놓은 당세기
도구통	절구통	허리가 도구통 같다.
돌까리	시멘트	돌까리 반죽해서 벽을 발랐다.
돌띠	**돌덩어리**	돌띠 같이 단단하다.

두디기	**포대기**	두디기로 알라 업어라.
때기	**딱지**	때기치기(딱지치기)

만디	**가장 높은 곳**	①산 만디(산꼭대기)
		②저 만디를 향하여
		  (저 높은 곳을 향하여)
		③물을 통 만디까지 채워라.
		  (물을 통 가장 높은 곳까지
		  채워라. 즉, 물을 통 가득 채
		  워라.)

맨날천지	**날마다 (언제나)**	맨날천지 잠만 잔다.

모티	모퉁이	종이 한쪽 모티가 접혔다.
몸서리	진절머리	몸서리가 난다.
몽디	몽둥이	몽디이 들고 쫓아온다.
묘사	시제	시월에는 묘사 지내러 고향에 간다.
민경	거울	민경 보고 머리 빗는다.

바쁘지	보자기	바쁘지에 싸라. ('보재기'라고도 함.)
반디깨이	소꿉장난 그릇	"반디깨이 많이 모았나?" (주로 병뚜껑이나 못 쓰는 그릇을 이용함.)
보그때	포켓, 호주머니	뭐가 들었는지 보그때가 불룩하다.
반질당세이	반짇고리	반질당세이 안에 골무가 없다.
보티	보퉁이	한 보티 사놨따(싸놓았다).

빳찌	두 장의 종이로 엮어 만든 딱지	빳찌는 빳빳한 종이로 만들어야 단단하다.
빼가치	생선 가시	빼가치 조심해서 무라.
삐삔내기	제각각	깍두기 모양이 삐삔내기다.
빼다지	서랍	빼다지가 잘 안 열린다.
사분	세숫비누	사분으로 손 씻어라.

산다구	상판대기	산다구는 멀쩡한 놈이 맨날 사고치고 다닌다.
삽작거리	집에서 멀지 않은 거리	삽작거리 나가보이 아무도 없더라.
살강	선반	살강 우에(위에) 얹어 놔라.
새알	①사례 ②새알심	①새알 걸리다(사례 걸리다). ②동지 팥죽 새알심
새끼대이	새끼줄	새끼대이로 묶어라.

서답	빨래	서답 널어라.
설치리	설빔	설치리로 빨간 세타(스웨터)를 샀다.
쇠때	열쇠	쇠때로 자물쇠를 열어라.
수군포	삽	수군포로 흙을 파라.
숭	흉	남 숭보는 거 아니다.

쏘케	솜	이불 쏘케 한번 틀어야겠다.
아레	그저께	아레부터 비가 왔다.
어지	어제	어지는 날이 꾸무리했다.
야마리	염치	야마리 까졌다. (염치가 전혀 없다.)
야마똥가리	얌통머리 (염치 조각)	야마똥가리 하나도 없다. (순 얌체다.)

예지랑	우아한 척하는 꼴값	돈 좀 있다고 예지랑 떨고 있 네….
온거	나누어지지 않은 것	"한 그릇으로 둘이 갈라 묵자 (나누어 먹자)." "나는 온거 묵을란다."
우사	망신	이런 우사가 어데 있노? (이런 망신이 어디 있나?)
이우재	이웃	저 사람 우리 이우재사람이다.
점빵	가게	점빵에서 성냥 사 왔다.

정지	부엌	정지 가서 숭영(숭늉) 가져와라.
조갑지	조개껍데기	이쁜 조갑지가 많다.
조막디	주먹	조막디 만한 기(것이) 까분다.
짜트래기	짜투리	짜트래기가 너무 많다.
짝째기	짝짝이	양말이 짝째기다.

쪼치바리	달리기	자(저 애)는 쪼치바리를 잘한다.
찌끄레기	찌꺼기	찌그레기는 내삐리라(내버려라).
천지삐까리	아주 흔하게 많은 것	그 정도는 천지삐까리다.
청	마루	고냉이(고양이)가 청 밑에 숨었다.
쿨내	방귀 냄새	어디서 쿨내가 난다.

키	명	여러 키 모여 있다.
표떼	표시	꼬멘 기(꿰어맨 것이) 표떼난다.
하루점도록	하루종일	하루점도록 일했다.
한-데	①바깥 ②추운 곳	①개는 한–데서 키워라. 　(개는 바깥에서 키워라.) ②한–데서 벌벌 떨고 댕기더라.
호작질	손장난	실데없은 호작질이나 하고 있다.

동물

경상도 말	표준어
강세이	강아지
고낸이	고양이
구디기	구더기
구리	뱀

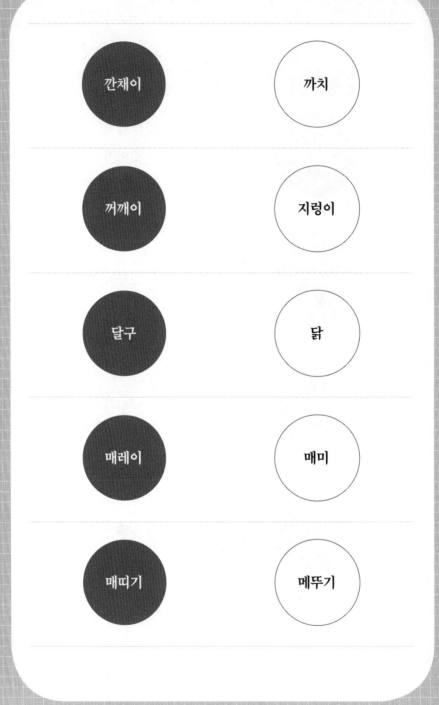

깐채이	까치
꺼깨이	지렁이
달구	닭
매레이	매미
매띠기	메뚜기

경상도 말모이 니캉내캉

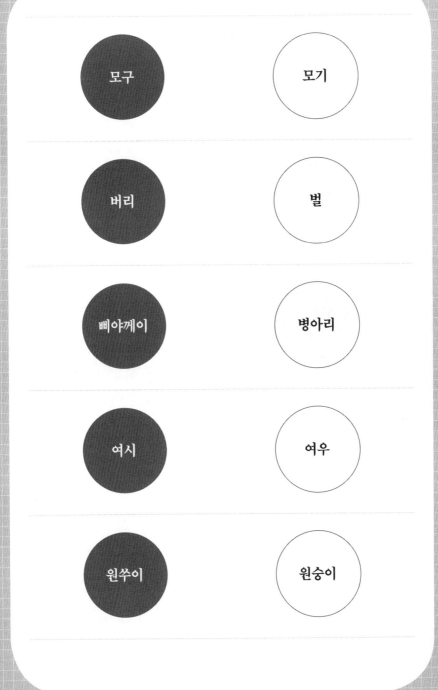

모구	모기
버리	벌
삐야께이	병아리
여시	여우
원쑤이	원숭이

족찌비   족제비

철기   잠자리

토깨이   토끼

3.
서술어

경상도 말	표준어	예문
간가이	사이사이	간가이 쉬가미(쉬어가며) 해라.
간주름하다	가지런하다	옷에 주름이 간주름하다.
각중에	갑자기	각중에 찾아왔다.

걸거친다	**거치적 거린다**	일하는데 걸거친다.
걸망하다	**어른스럽다**	자는 걸망하다.
고단새	**그 사이에**	고단새 다 묵었나?
고럽다	**고달프다**	내 신세가 고럽다.
구부러졌다	**굴렀다**	발을 헛디디가(헛디뎌서) 구부러졌다.

과랑 과랑하다	괄괄하다	성격이 과랑과랑하다.
까끄랍다	까끌까끌 하다	옷이 까끄랍다.
깔쮜뜯는다	쥐어뜯는다 (폄훼한다)	사촌끼리 서로 깔쮜뜯는다.
깰받다	게으르다	가는 깰받다.
깨꼬장하다	(부정적인 시 각으로 보며) 까칠하다	성질이 깨꼬장하다.

꼬닥거린다	까불거린다	꼬닥거리쌀(까불어 댈) 때 알아 봤다.
꽁기다	구겨질 정도로 끼어 있다	전철에서 사람들 틈에 꽁껴서 숨도 제대로 못 쉬었다.
꾸무리하다	어둑하니 흐리다	날씨가 꾸무리하다.
내나	내내, 쭉	내나 그랬다 아이가. (지금까지 내내 그래왔잖아.)
누렵다	마렵다	똥 누렵다.

날나불거린다	**나불거린다**	일은 안 하고 입만 날나불거린다.
널쭈다	**떨어뜨리다**	접시를 널짜뿟따.
다담받다	**행동거지가 단정하고 야무지다**	우리 며느리는 매사를 다담받게 한다.
단디	**단단히**	날이 춥다. 단디 입고 가라.
대강해라	**적당히 해라**	너무 따지지 말고 대강해라.

댓낄이다	대박이다	한 번에 구슬 다섯 개 땄다. "댓낄이다."
뒤비신다	뒤진다	온 집을 다 뒤비시도 없다.
뒤비쫀다	뒤집어 행동한다. (반대되는 짓을 한다.)	수업시간에 졸고 쉬는 시간에 공부하고 있다. "뒤비쪼고 있다."
덕는다	대충 볶는다	슬쩍 덕어서 끼리라(끓여라).
도-	다오, 줘	그거 내 도-(나 다오).

도둑키갔다	도둑질해 갔다, 훔쳐갔다	어떤 놈이 내 안경을 도둑키갔다.
도망갔다	①도망가다 ②가출했다	①몰래 도망갔다. ②큰딸이 도망갔다 카드라 (가출했다더라).
동개동개	가볍게 포개놓은 모습	이불을 동개동개 개어라.
들당산	돌연히 (불문고직하고)	들당산 돈 내노라 칸다(돈달라 한다).
디기	되게, 무척	디기 잘난 체한다.

디-다	피곤하다	아이고 디-다.
디비졌다	뒤집어졌다	맨날 디비지가 잠만 잔다.
따베	무렵	저녁 따베 온나(오너라).
따까세운다	몰아세운다	변명할 기회도 안 주고 따까세운다.
때기친다	①딱지를 친다 ②팽개친다	①때기칠 때 힘을 줘라. ②화가 나서 옷을 때기쳤다.

똑디	똑똑하게	이 일 똑디 해 놔라.
똥낀다	방귀낀다	누가 똥꼈노?
띵가묵는다	떼먹는다	일곱 개 중에 두 개나 띵가묵었다.
뙤똑하다	보는 사람은 조금 못마땅하지만, 당사자는 꿋꿋하다	항의하던 사람 모두 돌아갔는데 혼자 뙤똑하게 서 있다.
마치맞다	알맞다	국에 간이 마치맞다.

마카	모두, 모조리	마카 뒤비놔라(뒤집어라).
마뜩다	마음에 든다	정지(부엌)를 마뜩하이 치아놨다.
만다꼬	뭐 하러 (그럴 필요 없다)	만다꼬 그런 소리하노?
머라칸다	①꾸지람한다 ②잔소리한다 (뭐라고 한다)	①아부지가 머라카신다. (아버지께서 꾸지람하신다.) ②안사람이 머라카겠다. (아내가 잔소리하겠다.)
몰랑하다	만만하다	내가 그래 몰랑하이 보이나?

무단이	공연히	무단이 소리를 지른다.
문때라	문질러라	발까(발로) 문때라.
매로	처럼 (모양)	껄배이 매로 해가 어데 가노? (거지처럼 해가지고(차림새로) 어디 가니?)
멘치로	처럼 (동작)	아까맨치로(아까처럼) 팔을 벌 려라.
매매	매우매우, 박박	힘을 줘서 매매 문때라.

백지	공연히	백지 홀기(흘겨)본다.
비미이	어련히	비미이 알아서 했겠나.
뻐뜩하모	걸핏하면	뻐뜩하모 저캐샀는다(저런다).
삐무리다	저미다, 오리다	꽃모양으로 삐무리라.
삐이	빤히	삐이 쳐다본다.

상그랍다	불길하고 편치 않다	꿈자리가 상그랍디마는 사고가 났다.
솔찮다	솔솔하니 실속 있다	돈벌이가 솔찮다.
서뿔히	섣불리	서뿔히 그캤다간 큰일난다.
수구리다	숙이다	고개를 수구리라.
수타	수없이, 많이	사고가 나서 사람들이 수타 다쳤다.

숭악하다	인심이 사납다	그 집 숭악하다꼬 소문났다.
시부지기	슬며시	일이 시부지기 풀려나간다.
시알리다	(숫자를) 세다	돈을 시알리보이 백만 원이다.
실찌기	슬며시	실찌기 말을 걸어왔다.
싸그리	깡그리	싸그리 잡아들여라.

세린다	세차게 때린다	팍 세리삘라.
세빌맀다	흔해빠졌다	세빌린 게 사장님이다.
세빠지도록	혀가 빠지도록(죽도록)	세빠지도록 일했다.
안주	아직	안주 안 왔나?
암사받다	말없이 야무지게 행동한다	바느질을 암사받게 해 놨다.

야물딱지다	(빈틈이 없을 정도로) 야무지다	심부름을 야물딱지게 하고 왔다.
어떡	얼른	어떡 가거라.
억수로	무지하게	억수로 고맙다.
어언제	아니다	"한 그릇 더 드시겠어요?" "어언제."
어데	'어언제'보다 강한 부정	"너 술 마셨지?" "어데요."

엎어졌다	넘어졌다	한눈팔다가 엎어졌다.
에빗다	야위었다	자는 너무 에빗다.
엔가이	어지간히 (어느 정도껏)	엔가이 떠들어라. (좀 조용해라.)
엥꼽다	아니꼽다	더럽고 엥꼽아서 못 살겠다.
욕봤다	애썼다	청소하니라 욕봤다.

우바났다	임시로 수습했다	떨어진 문짝을 우바났다.
우얄래?	어떻게 할래?	니 인자(이제) 우얄래?
우짜든동	어떻게 해서라도	우짜든동 밥은 꼭 챙기무라.
인자	이제는	인자 고마하자.
자물셌다	기절했다	귀신인 줄 알고 자물셌다.

자분다	**졸고 있다**	차만 타면 자분다.
지낀다	**지껄인다**	고마(그만) 지끼라.
재와	**겨우**	재와 지붕을 고쳤다.
짜빡없다	아무런 문제없다 (아귀가 들어 맞는다)	"혹시 국물이 흐르지 않았나?" "짜빡없다." (전혀 흐르지 않았다.)
짜친다	쥐어짠 것처럼 쪼들린다	살림이 하도 짜치가 우예(어찌) 할 수가 없다.

쪼매이	조금	쪼매이만 도-(다오).
쪼차가라	뛰어가라, 뒤쫓아가라	퍼뜩(얼른) 쪼차가라.
쪼치다	쫓기다	마감 날짜에 쪼친다.
째졌다	찢어졌다	옷이 째졌다.
채다	(돈을) 빌리다	돈 좀 채도-(빌려다오).

추접다	더럽다	추접어서 못 보겠다.
치우다	시집보내다	딸 치았나?
카드라	말하더라 (소문을 전할 때)	전염병이 돈다 카드라.
티미하다	멍청하다	자는 와 저리(왜 저리) 티미하노?
티바지다	아주 많다	얼굴에 점이 티바지다. 욕을 티바지로 얻어무따.

파이다	좋지 않다	이거는 파이다.
퍼뜩	얼른, 빨리	퍼뜩 뛰가라.
포시랍다	귀하고 곱게 대우만 받는 처지	어릴 때는 포시랍게 컸다.
패밭다	내뱉다	가래를 패밭아라.
하마	벌써	하마 다 묵었나?

한-거	많이	미역국이 한-거 있다.
한다	가진다	니 하고 싶으면 가 가라. (너 갖고 싶으면 가져가라.)
헐타	(가격이) 싸다	운동화를 헐케 샀다.
헤나	혹시	헤나 우리 강아지 못 봤나?
헤브작 거린다	히히덕 거린다	옥이하고 철이하고 헤브작거리 고 있다.

헤비뜯는다	헐뜯는다	서로 헤비뜯는다.
환다, 혼다(경북)	시침질한다	대충 화해놓고(시침질해 놓고) 박음질해라.

4.

발음

경상도 발음	표준어	예문
가리내라	가려내라	벌레 묵은 콩은 마카 가리내라.
까리	가루	꼬치까리(고춧가루)
가마이→	가마니	쌀가마이
가마이→	가만히	가마이 문 닫아라.

가찹다	가깝다	우리 집에서 버스 정거장까지 가찹다.
가치러	같으니라구	못된 놈 가치러….
가왔다	가져왔다	내가 떡을 가왔다.
깜아라	감아라	눈을 깜아라.
건디기	건더기	국에 건디기가 많다.
곰패이	곰팡이	곰패이가 쓸었다(피었다).

구디이 ↘	**구덩이**	수군포(삽)로 구디이를 파라.
굽어라	**구워라**	불에 고기를 굽어라.
갱자이	**굉장히**	날씨가 갱자이 덥다.
개안타	**괜찮다**	나는 개안타.
고마	**그만**	고마 울어라.
공가라	**고여라**	장롱이 기울어졌다. 왼쪽을 쪼매이 공가라.

과암	고함	와 과암을 지르고 그캐샀노?
구불러댕긴다	굴러다닌다	낙엽이 구불러댕긴다.
그따구	그따위	그따구 소리하지 마라.
그라마	그러면	그라마 내가 할라요(할래요).
그라이까네	그러니까	그라이까네 인자 끝내자.
그랄 택이	그럴리가	그랄 택이 없다.

그캐	그렇게	사람이 그캐 많이 모였단다.
그래보이	그래봤자	그래보이 눈도 깜짝 안 한다.
깃돈	곗돈	깃돈 낼 돈이다.
까자	과자	까자 한 봉다리 샀다.
껑가라	끊어라	줄을 껑가라.
꼬꾸랑	꼬부랑	꼬꾸랑 할매

꼬운다	**꾀어내다**	살살 꼬운다.
꾸린내	**구린내**	발에서 꾸린내가 난다.
끈지럽다	**근지럽다**	등더리가 끈지럽다.
낑긴다	**끼인다**	사이가 좁아서 낑긴다.
난중에	**나중에**	난중에 생각해 보마.
남구다	**남기다**	남구지 말고 다 먹어라.

남사시럽다	남사스럽다	남사시러바서 못 살겠다.
넘가라	넘겨라	약을 목구영(목구멍)으로 넘가라.
내미	냄새	내미가 좋다.
내삐리라	내버려라	찌끄레기(찌꺼기)는 내삐리라.
눕어라	누워라	똑바로 눕어라.
놔나라	놔둬라	가만히 놔나라.

댕긴다	**다닌다**	어딜 그렇게 돌아댕기노?
더버서	**더워서**	날씨가 더버서 못 살겠다.
드가자	**들어가자**	집 안으로 드가자.
듣긴다	**들린다**	벌레 소리가 듣긴다.
들눕었다	**드러누웠다**	아파서 들눕었다.
디인다	**데인다**	불에 디인다.

경상도 말모이 니캉내캉

디지다(속어)	뒈지다(속어)	벌써 디졌다.
땡기라	당겨라	밧줄을 땡기라.
동글배이	동그라미	일기장에 동글배이 5개 받았다.
뚜두리다	두드리다	망치로 뚜두린다.
맴	마음	맴이 아프다.
마~	뭐~	내사 마 몰따. (나야 뭐 모르겠다.)

머라?	뭐라구?	머라? 다시 말해 봐라.
메느리	며느리	저 집 메느리 참하다.
무거바서	무거워서	무거바서 못 들겠다.
머가 우짜고 우째?	뭐가 어쩌고 어째?	"서울 가서 영화배우 될끼다." "머가 우짜고 우째?"
머꼬?	뭐야?	이기 머꼬?
만아노이	많으니까	나이가 만아노이 무릎이 아프다.

모한다	못한다	나는 그런 거 모한다.
마이	많이	마이 무라(많이 먹어라).
무라	먹어라	밥 무라.
무까라	묶어라	밧줄로 꽁꽁 무까라.
문찌박	문지방	문찌박 밟지 마라.
미식거리다	메슥거리다	속이 미식거린다.

매쳤다	미쳤다	저 년이 매쳤나 보다.
방매이	방망이	빨래방매이
뺏긴다	벗긴다	껍때기를 뺏끼라(벗겨라).
뺄가벗고	벌거벗고	뺄가벗고 목욕했다.
벳살	볕살	벳살이 좋다.
보재기	보자기	파란색 보재기 ('바쁘지'라고도 함)

봉다리	봉지	비니루 봉다리(비닐봉지)
뿌라졌다	부러졌다	화살이 뿌라졌다.
부석	부엌	부석이 넓다. ('정지'라고도 함)
비개	베개	비개가 너무 높다.
비비묵는다	비벼먹는다	밥을 비비묵는다.
비잡다	비좁다	자리가 비잡다.

빗짜리	빗자루	빗짜리와 쓰레받기
뺄가타	빨갛다	꽃이 뺄가타.
뺏끼묵는다	벗겨먹는다 (바가지 씌운다)	절마(저 녀석)는 맨날 친구들 뺏끼묵는다.
삐긴다	삐친다	삐뜩하모(걸핏하면) 삐긴다.
살째기	살짜기	살째기 오이소(오세요).
살푼	살짝	살푼 끼리라(끓여라).

서라	켜라	불을 서라.
서운하다	시원하다	바람이 불어 서운하다.
수군	수건	수군으로 땀 닦아라.
시꺼라	씻어라	발 시꺼라.
시다	세다	힘이 시다.
쉬가미	쉬어가며	쉬가미 천처이 해라.

씩껍했다	식겁했다	귀신인 줄 알고 씩껍했다.
아이다	아니다	내 거(것) 아이다.
아무따나	아무렇게나	아무따나 해뿔 끼다(해버릴 테다).
암만캐도	아무래도	암만캐도 내가 잘못한 것 같다.
야야	얘야(부를 때)	야야 이리 온나.
올개	올해	올개 및(몇) 살이고?

올키	옳게	올키(제대로) 못 묵었다.
온나	와라	이리 온나.
와	왜	와 카노?(왜 그래?)
요분에는	이번에는	요분에는 1등 할끼다.
우풍	외풍(外風)	우풍이 시다(세다).
운일이고?	웬일이냐?	니가 여(여기에) 운일이고?

이퍼리	이파리	김치는 퍼런 이퍼리가 맛있다.
일나라	일어나라	퍼뜩(얼른) 일나라.
일바치라	일으켜라	날(나를) 좀 일바치라.
이자뿌자	잊어버리자	마카(모두) 이자뿌자.
윗는다	웃는다	윗는 얼굴이 보기 좋다.
장가라	잠궈라	문을 장가라.

장개	장가	작년에 장개갔다.
재립다	저린다	발이 재립다.
제지레	저지레	또 제지레 해 났다
지긴다	죽인다	사람 지긴다.
지가	제가	지가 하겠심더(하겠습니다).
짐	김(수증기)	짐 나온다.

짝때기	①작대기 ②지팡이	①짝때기가 길다. ②내 짝때기 갖고 온나.
처매라	싸매라	붕대로 처매라.
천처이	천천히	물을 천처이 마시라.
추버서	추워서	날씨가 추버서 밖에 못 나가겠다.
-카이	-니까	그렇다카이(그렇다니까) 맞다카이(맞다니까) 오라카이(오라니까)
피기	포기	배차(배추) 한 피기

한갑	환갑	올해가 한갑이다.
헌겁	헝겊	헌겁쪼가리
호매이	호미	호매이로 김을 매라.
홀기다	흘기다	홀기본다.
힝가다	헹구다	물에 한번 힝가라.
헐직하다	헐렁하다	운동화가 헐직하다.

후질구리하다	후줄근하다	옷이 후질구리하다.
휘차리	회초리	휘차리로 맞았다.
히뜩	해뜩	히뜩 뒤비진다(뒤집어진다).

감탄사

감탄사	설명
	예문
아따라~	약간의 비난
	아따라~ 그래 니 잘났다.
아이구라~	위로할 때
	아이구라~ 그동안 욕봤다.
아이구야~	놀랐을 때
	아이구야~ 큰일 날 뻔했다.

| 어버이~ | 에비(아기들에게) |
| | 어버이~ 만지지 마라. |

| 어이↘ | (으응)
①놀랐을 때 ②다그칠 때 |
| | ①이기 우예된 일이고 어이↘.
　(이게 대체 어찌된 일이냐~ 으응)
②또 그랄래 어이↘.
　(또 그럴 거야? 으응) |

| 우야꼬! | 낭패스러울 때 |
| | 우야꼬! 이 일을 우짜모 좋노.
(어찌해야 하나) |

| 우야노~ | 체념 |
| | 우야노~ 할 수 없지. |

우짜꼬!	놀랐을 때
	(컵이 떨어지자) 우짜꼬!
우짤래!	배짱(어쩔 테냐)
	내가 그랬다. 우짤래!
얄구제라~	민망할 때(망칙해라)
	얄구제라~ 우예(어찌) 그런 일이 다 있노.
헤이구~	비난할 때(흥!)
	헤이구~ 니가 돈을 번다꼬?

말라꼬!	뭐하러?(싫다)
	말라꼬! 내가 와 니한테 돈을 주노?
답답아라~	답답한 심정
	아이고 답답아라~
치아라~	체념(관둬라)
	(구구절절 변명을 늘어놓자) 치아라~

3부

경상도 사람

1.
호칭

표준어	경상도 말 부를 때
할아버지	할부지(할배보다 존칭), 할배
	할부지예, 할배요, 할배~
할머니	할매
	할매~
아버지	아부지
	아부지예

어머니

어무이, 어메,

아들: 어릴 땐 '엄마', 성장하면 '어무이' '어메' '어메요'
딸: 성장해도 대부분 '엄마'

아저씨

아재(고무부, 이모부 포함)

아재예, 아재요, 아재~

아주머니

아저매, 아즈매, 아지매(고모, 이모 포함)

아저매~

형님

형님, 성님,

형님, 성님, 형님요, 형님아

형	히
	히야(형아)
오빠	오빠, 오라배, 오래비, 오라바이
	오빠~, 오빠야, 오라배요 "니 오래비가 낼 온단다." "철수가 영희 오라바이다"
언니	언니, 시이
	언니야~, 시이야~
누나	누, 누우
	누야~, 누우야~

외삼촌	외아재(외+아재)
	외아재예
외숙모	외아저매
	외아저매~
시아버지	시아부지, 시아바이
	아버님
시어머니	시어머니, 시어마이
	어머님

형수

새아저매(새+아저매)

새아저매

(손위)올케

새히(새+히(형)

새히야

자형

새형님(새+형님)

새형님예

형부

새아재(새+아재)

새아재예

| 시숙 | 아즈뱀 |
| | 아즈뱀요 |

| 시동생 | 되렴 |
| | 되렴요, 결혼하면 아즈뱀 |

| 시누이 | 시누 |
| | 형님(손위), 아가씨(손아래) |

* 아재, 아지매
영어 'uncle', 'aunt'와 비슷합니다.
고모(부), 이모(부) 포함한 같은 항렬 친인척 아저씨 또는 일반적인 어른.

* 시아바이, 시어마이
함경도 사투리 '아바이', '어마이' 연상되지요?
함경도와 경상도는 언어나 풍습이 비슷한 점이 많습니다.
이는 함경도로 유배 간 경상도 사람이 많았기 때문입니다.

* 남편 친구나 높게 지칭할 때 '씨'를 사용합니다.
부인: "당신 친구 진수 씨 백씨(형님을 높여서) 입원하셨답니다."
       (당신 친구 진수 씨 형님께서 입원하셨답니다.)

* 부를 때는 끝에 '예'나 '요'를 붙이면 존칭이 됩니다.
(예: 할부지예, 아부지예, 아재요, 형님요)

○ 오빠가 결혼하면

어무이가 동생들을 앉혀 놓고 하시는 말씀

"인자 어른이 됐써이 마카 예해야 된다.
남자들은 '히'라 카지 말고 '형님'이라 캐라.
새사람 보고는 '새아지매'라 카고 예 해야 된다.
여자들은 '새히'라 카고 말은 서로 놔 해도 된다."

(표준어)
"이제 (오빠가) 어른이 됐으니 모두 존댓말을 해야 한다.
남동생들은 '히'라고 부르지 말고 '형님'이라고 해라.
새사람 보고는 '새아저매'라고 부르고 존댓말을 하여라.
여동생들은 '새히'라고 부르고 말은 서로 존대하지 않아도 된다."

ㅇ 택호와 실이

택호란?

시집을 가면 택호를 지어 줍니다. 시집 동네에서는 친정 마을 이름을
따서 짓고, 친정 동네에서는 시집 마을 이름을 따서 택호를 짓습니다.
ㅇㅇ댁이라고 하는데, 경상도에서는 '댁'을 '띠기'라고 합니다.

(예: 군위군 나호동에서 밀양 다원마을로 시집을 가면 친정 동네에서
는 '밀양댁', '다원댁' 등으로 짓고, 시집 동네에서는 '나호댁' 등으로
택호를 짓습니다.)

택호는 남편에게도 적용됩니다.
부인이 밀양댁이면 밀양띠기, 밀양아지매, 밀양할매로 불리고
남편은 밀양양반, 밀양아재, 밀양할배로 불립니다.

경상도 말모이 니캉내캉

실이란?

가족과 가까운 친척들은 택호로 부르지 않고 남편의 성(姓)에
'실이'를 붙여 부릅니다.
(예: 남편의 성이 손 씨이면 '손실이', 김 씨이면 '김실이')

○ 장례식장의 곡소리

지금은 찾아보기 어렵지만, 전통 장례식에서는 상주와 문상객은 서로 곡을 하였습니다.

이때 직계 조부모가 돌아가신 상주들은 "아이고~ 아이고~" 하며 곡소리를 하였고, 성씨가 다른 친인척들은 "어이~ 어이~" 하며 곡을 하였습니다.

경상도 말모이 니캉내캉

○ 송편에 있는 손가락 자국

추석에 먹는 떡 송편에 손가락 자국을 보셨나요? 양반 집안에서는 송편에 반드시 손가락 자국을 넣었습니다.

갓 시집온 새댁이 빚은 송편을 보고 손가락 자국이 없으면 민촌(상민들이 사는 마을) 떡을 빚었다고 흉을 보기도 했습니다.

송편은 소를 넣고 반달 모양으로 빚을 때, 바람을 빼 주어야 완성되었을 때 터지지 않습니다. 송편에 있는 손가락 자국은 바람을 빼기 위해 꾹 눌러준 자국입니다.

2.

신체

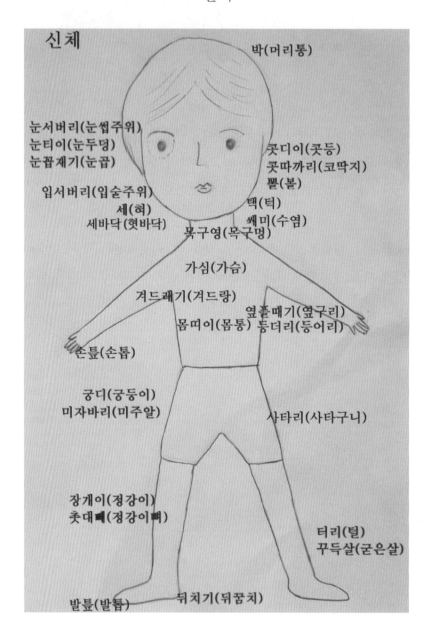

신체

박(머리통)

눈서버리(눈썹주위)
눈티이(눈두덩)
눈꼽재기(눈꼽)

콧디이(콧등)
콧따까리(코딱지)
뽈(볼)

입서버리(입술주위)
세(혀)
세바닥(혓바닥)
택(턱)
쒜미(수염)
목구영(목구멍)

가심(가슴)

겨드래기(겨드랑)

옆흘매기(옆구리)
몸띠이(몸통) 등더리(등어리)

손틒(손톱)

궁디(궁둥이)
미자바리(미주알)

사타리(사타구니)

장개이(정강이)
촛대삐(정강이뼈)

터리(털)
꾸득살(굳은살)

발틒(발톱)
뒤치기(뒤꿈치)

경상도 말모이 니캉내캉

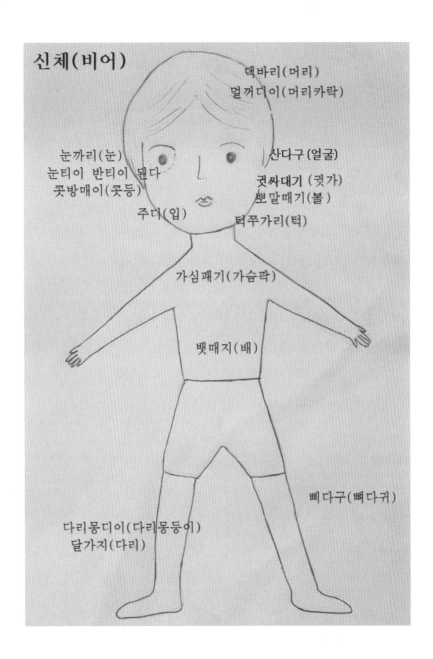

신체(비어)

댁바리(머리)
멀꺼디이(머리카락)

눈까리(눈)
눈티이 반티이 됐다
콧방매이(콧등)
주디(입)

산다구(얼굴)
귓싸대기(귓가)
뽀말때기(볼)
턱쭈가리(턱)

가심패기(가슴팍)

뱃때지(배)

삐다구(뼈다귀)

다리몽디이(다리몽둥이)
달가지(다리)

3.
음식

○ 고유의 음식

돔배기: 네모나게 반듯하게 자른 상어고기.
경북 지역에서는 제사상에 반드시 올려야 함.

밥국: 김칫국에 식은 밥을 넣어 만든 일종의 국밥.
주로 점심때 먹는다.

시락국: 데친 푸성귀를 넣고 끓인 된장국.

배추찌짐: 배추 고갱이를 이어 붙여 넓적하게 만든 전.

오그락지: 채 썬 무말랭이를 양념하여 만든 일종의 김치.
오그락바그락하게 생김.

○ 밥국 끓이는 방법

며르치 다시물 내가,

지 쫑쫑 서리 넣고 팔팔 끼리다가,

식은밥 넣고 또 끼리가

떡국이나 국시 쪼매이 뿐질라 넣고

한븐 드 끼리모 시원하이~ 맛있는기라.

묵기 전에 빠다 쪼매이 넣으면 훨씬 더 마싯따.

(표준어)

멸치 다시물 만들어서

김치 종종 썰어서 넣고 팔팔 끓이다가

식은밥 넣고 또 끓인 다음

떡국이나 국수 조금 분질러 넣고

한 번 더 끓이면 시원하니 맛있다.

먹기 전에 버터 조금 넣으면 훨씬 더 맛있다.

○ 시락국 끓이는 법

먼저 쌀뜨물을 바다가
된장 풀고 며르치 넣고 팔팔 끼리가
실쩍 데치 논 나물을 넣고
한븐 드 끼리다가 날콩까리 풀어 넣고
살푼 끼리면 된다.

(표준어)
먼저 쌀뜨물을 받아서
된장 풀고 멸치 넣고 팔팔 끓여서
슬쩍 데쳐 놓은 나물을 넣고
한 번 더 끓이다가 날콩가루 풀어 넣고
살짝 끓이면 된다.

경상도 말모이 니캉내캉

ㅇ 오그락지 담그는 법

무씨를 채 서리가 벳살 좋은데 말리라.
오그락바그락한이 배–짝 말르거든,
물에 불랐다가 힝가가 볼끈 짜라.
꼬치까리, 조선간장, 마늘, 깨로 양념해가
쪼매한 독에 꼭꼭 다지가미 너노모 된다.

(표준어)
무를 채 썰어 볕살 좋은 곳에서 말려라.
오그락바그락하게 바짝 마르면,
물에 불렸다가 헹구어 꽉 짜라.
고춧가루, 국간장, 마늘, 깨로 양념해서
조그만 항아리에 꼭꼭 다져가며 넣어 놓으면 된다.

○ 배추찌짐

제사상은 높게 쌓아야 후손이 높게 된단다.

과일 떡 마카 높게 쌓아 올리고

찌짐도 여러 가지로 마이 맨들어가 높게 올려야 된다.

찌짐은 밑으로 기름이 빠지기 때메 기름받이로 널따란이 부친

정구지 찌짐을 쓴다.

겨울에는 정구지가 없슨, 배추 꼬개이로 찌짐을 맨들모 된다.

밀까리 반죽으로 꼬개이 두서너 장씩 이어가미 넓적하이 부치모 된다.

(표준어)

제사상은 높게 쌓아야 후손 지위가 높게 된단다.

과일 떡 모두 높게 쌓아 올리고

전도 여러 가지로 많이 만들어 높게 올려야 된다.

전은 밑으로 기름이 빠지기 때문에 기름받이로 널따랗게 부친

부추전을 쓴다.

겨울에는 부추가 없으니, 배추 고갱이로 전을 만들면 된다.

밀가루 반죽으로 고갱이 두서너 장씩 이어가며 넓적하게 부치면 된다.

경상도 말모이 니캉내캉

식품

경상도 말	표준어
강내이	옥수수
고디	고둥
고디이	고등어
괴기	고기
기	게

국시	국수
까재미	가자미
꼬개이	고갱이
꼬치	고추
단술	식혜

돔배기	상어고기
된장	된장
무시	무
며르치	멸치
밀까리	밀가루

박산	뻥튀기
배차	배추
사탕까리	설탕
수루메	오징어
수지비	수제비

경상도 말모이 니캉내캉

숭영	숭늉
엿질금	엿기름
외	참외
정구지	부추
조구	조기

지	김치
지렁	간장
집산적	잡산적
재레기	겉절이
찌짐	전

콩지름	콩나물

맛

경상도 말	표준어
꼬시다	고소하다.
신겁다	싱겁다.
십다	쓰다.

짭다	짜다.
새그랍다	시다.
짭짜부리하다	짭조름하다.
니맛도 내맛도 없다	맛이 하나도 없다.

식기

경상도 말	표준어
대지비	대접
띠비이	그릇 뚜껑 밥띠비이(밥그릇 뚜껑) 국띠비이(국그릇 뚜껑)
따까리	본체보다 훨씬 작은 뚜껑 병따까리(병뚜껑)
버지기	자배기
사바리	사발

종지기	종지
저까치	젓가락
주개	주걱
화그릇	사기그릇

경상도 말모이 니캉내캉

4.

의상

경상도 말	표준어
간땅꾸	원피스
다비	양말
두루매기	두루마기
란닝구	러닝셔츠

로마이	남자 양복(더블정장)
목태	목도리
사리마다	팬티
세타	스웨터
우와기	상의

경상도 말모이 니캉내캉

조고리	저고리
주봉	바지
치매	치마
톱빠	아동용 방한 재킷

5.

사람

경상도 말	의미
가시나	계집애
거짓말재이	거짓말쟁이
곡깨이	우스갯소리나 재미있는 짓을 잘하는 사람
깍재이	깍쟁이

껄배이	거지
노름재이	노름꾼
딸아	여자아이
떠드바리	떠버리
떵떠꾼이	차분하지 못하고 실속 없이 설쳐대는 사람

뚱띠	뚱뚱이
말라깨이	마른 사람
말라깽깨이	몹시 마른 사람
머스마	남자아이
먹구재비	식탐하는 사람

멋재이	멋쟁이
문디이	문둥이
미치개이	미치광이
바람재이	바람둥이
바보축꾸	바보+축구 (축구: 사람답지 못한 짓을 하는 사람)

바븨기	바보
버구	멍청이
버버리	벙어리
방구재이	방귀쟁이
상디이	쌍둥이

경상도 말모이 니캉내캉

쩔뚝바리	절름발이
아	아이
알라	아기
여식아	여식(딸)
할매, 할마이, 할마씨	할머니

영감할마이	노부부
욕재이	욕쟁이
정지가시나	식모
첩사이	첩

* '쟁이'를 '재이'라고 합니다.
거짓말재이, 노름재이, 멋재이, 방구재이, 욕재이

6.
화가 나거나 기분 나쁠 때

☹ 못땟꾸로~

  (못돼먹었구나)

☹ 댁빠리를 쥐박아뿔라~

  (머리통을 쥐어박아 버릴까 보다.)

☹ 멀꺼디이를 마카 쥐뜯어뿔라~

  (머리카락을 모두 쥐어뜯어 버릴까 보다.)

☹ 발까 궁디를 주 차뿔라!

  (발로 엉덩이를 팍 차 버릴까 보다.)

☹ 발까 주디를 문때삘라~

  (발로 입을 문질러 버릴까 보다.)

☹ 세빠져 죽을 놈 가치러~

  (혀가 빠져 죽을 놈 같으니라구~)

☻ 다 때리치아뿌라!

　(다 때려치워 버려라!)

☻ 팍 세리삘라~

　(확 갈겨 버릴까 보다.)

☻ 니 마 나가 뒤지거라~

　(너 그냥 나가서 죽어 버려라.)

☻ 짜꾸 그캐싸모 쥐기뿐다~

　(자꾸 그러면 죽여 버린다.)

☻ 야마리 까진 놈(년)

　(얌통머리가 하나도 없는 놈(년), 싸가지 없는 놈(년))

☻ 문디이 콧구멍에 마늘 빼묵을 놈

　(문둥이 콧속에 있는 마늘도 빼먹을 정도로 지독한 놈)

☻ 빌어 쳐묵을 놈(년)

　(빌어(구걸하여) 처먹을 놈(년))

☻ 미구 같은 년

　(매구(천년 묵은 여우) 같은 년)

☺ 저년아 가시나

　(저년 기집애)

☺ 지랄한다~

　(한심한 짓 하고 있다, 놀고 있네~)

☺ 지랄 용천을 해댄다.

　(생난리를 부리고 있다. 지랄이 용천한다.)

☺ 문디이 호떡같은 기

　(문둥이 호떡 같은 것. 변변치도 못하고 천대받는 것이)

☺ 문디이 지랄한다.

　(웃기는 짓 하고 있다.)

* '지랄'은 딱히 욕이라기보다 '허튼짓을 한다' 정도입니다.

* 문디이(문둥이)
변변치 못하고 얕잡아본다는 의미로 쓰지만 때로는 친근감이나 약간의 애정을
내포할 때도 있습니다. 재미있는 말이나 행동을 하면 '재미있다' '웃기다'라는 뜻
으로 "문디이 지랄한다."라고 합니다.

4부

경상도 말의 특징

○ 경상남도와 경상북도의 차이

방언의 특성상 같은 경상도라고 하더라도 지역에 따라 많은 차이가 있습니다.
경상북도는 충청도와 비슷해서 속도가 느리고 억양이 부드러운 반면, 아래 지방으로 내려갈수록 속도가 빨라지고 경음과 격음이 많아지며 악센트가 앞쪽으로 오고 억양도 높아집니다.

* '경고'와 '경고'의 차이
부산의 명문고 '경남고등학교'를 줄여서 '경고'라고 하고,
대구의 명문고 '경북고등학교'도 줄여서 '경고'라고 합니다.

부산 경고는 '경'에 악센트가 있으며 '고'가 조금 올라갑니다.
대구 경고는 '경'은 조금 높고 '고'는 평평하게 발음합니다.

경남고등학교: 경´고(↘)
경북고등학교: 경고(→)

○ 'ㅆ'은 'ㅅ'으로 발음

쌀[살]

싸운다[사운다]

(밥을) 씹어라[십어라]

* 'ㅆ'은 'ㅅ'으로 되고 'ㅡ'가 'ㅣ'로 변한 경우

쓸개-슬개-[실개]

쓸데없는-슬데없는-[실데없는]

ㅇ '어' '으' '이' 발음

'어' '으' '이' 발음은 정확히 구별되지 않으며 서로 바꾸어 발음하기도 합니다. 사람이나 지역에 따라 '아저매' '아즈매' '아지매'로 발음합니다.

저자의 경우(1960년대 경남)는 '아즈매'라고 발음합니다.

* '으'를 '어'로 발음하는 경우
음악[어막]
울릉도[울렁도]
스타벅스[서타벅스]

* '어'를 '으'로 발음하는 경우
거지[그지]
한번 더[한븐 드]

* '이'를 '으'로 발음하는 경우
시래기[스래기]

* '으'를 '이'로 발음하는 경우
슬쩍[실쩍]
(물을 팔팔) 끓인다[끼린다]

경상도 말모이 니캉내캉

재미있는 이야기

서울로 전학 와서 경상도 말 때문에 가장 놀림 받은 일은 '은실'이라는 친구 이름 때문이었습니다. 내가 "언실아." 하고 부르기만 하면 친구들이 웃었지요.

○ 말줄임

야: 이애 (야가 수촌댁 손녀다.)

가: 그애 (가는 공부 잘한다.)

자: 저애 (자는 맨날 놀기만 한다.)

그기: 그것이 (그기 뭐꼬?)

저기: 저것이 (저기 사과나무다.)

이기: 이것이 (이기 감나무다.)

* 사람 이름을 부를 때 대부분 끝 글자만 말합니다.

순옥아: 옥아

영철아: 철아

○ 방향

발음의 높낮이로 뜻이 달라질 때도 있습니다.

우(↗)로: 위쪽으로
우(→)로: 오른쪽으로
외(↓)로: 왼쪽으로

우(↗)로 봐라. (위쪽을 봐라.)
우(→)로 가라. (오른쪽으로 가라.)
외(↓)로 가라. (왼쪽으로 가라.)

○ 예

'예'는 여러 가지 의미가 있습니다.

1. 부름에 대답

   "김영희."

   "예."

2. 부를 때 '예'를 붙여 부르면 높여 부르는 말이 된다.

   "할부지예~"

   "아부지예~"

3. 끝에 '예'를 붙이면 존칭이 된다.

   "철수 벌써 갔어예." (철수 벌써 갔어요.)

   "아인데예." (아닌데요.)

4. 끝에 '예'를 붙여 올리면(↗) 존칭 의문형이 된다.

   "숭영 드셨서예(↗)?" (숭늉 드셨어요?)

   "이제 막 도착하셨어예(↗)?" (이제 막 도착하셨나요?)

경상도 말모이 니캉내캉

○ 우리 엄마 살 팔러갔다

경상도에서 온 전학생: 우리 엄마 살 팔러 갔다.

서울 학생들: 니네 엄마 살(肉)을 팔어? 어디에 식인종이 있나?

살 팔러 갔다는 말은

'엄마의 살점(肉)을 팔기 위해서 갔다'는 뜻이 아니고, 쌀을 사기 위해 갔다는 뜻입니다.

① '쌀'은 'ㅅ'으로 발음하여 '쌀'을 [살]이라고 발음하고,

② '산다'와 '판다'를 항상 반대로 말하는 것은 아닌데, '쌀을 사러 갔다.'라는 표현만은 '쌀 팔러 갔다.'라고 합니다.

재미있는 이야기

서울로 전학 와서 "우리 엄마 살 팔러 갔다."라고 했을 때 경악하던 친구들의 표정은 아직도 기억납니다.

○ 몽요일(목요일)

'목요일'의 표준 발음은 [모교일]입니다.
'요'의 'ㅇ'은 음가가 없고 '목'의 'ㄱ'이 연음되기 때문입니다.

경상도에서는 [몽요일]로 발음합니다.
목의 'ㄱ'은 'ㅇ'으로 발음되고 '요'의 'ㅇ'도 발음합니다.

'목'+'요일' → [몽]+[요일] → [몽요일]

'ㄱ'이 발성 기관이 비슷한 'ㅇ'으로 발음되는 것은 표준어에서도 흔히
일어나는 현상입니다.

"하나부터 열까지 천천히 세어라."

하나, 두나, 서이, 너이, 다서, 여서, 일곱, 여덜, 아홉, 열

"하나부터 백까지 빨리 세어라."

하나	둘	셋	넷	다섯	여섯	일곱	여덟	아홉	열
열하나	열둘	열셋	열넷	열다아	열여어	열일곱	열여덜	열아홉	스물
수물하나	수물둘	수물세	수물네	수물다아	수물여어	수물일곱	수물여덜	수물아홉	서른
선하나	선둘	선세	선네	선다	선여어	선일곱	선여덜	선아홉	마흔
만하나	만둘	만세	만네	만다이	만여어	만일곱	만여덜	만아홉	오
오하나	오둘	오세	오네	오다아	오여어	오일곱	오여덜	오아홉	육
육하나	육둘	육세	육네	육다아	육여어	육일곱	육여덜	육아홉	칠
칠하나	칠둘	칠세	칠네	칠다아	칠여어	칠일곱	칠여덜	칠아홉	팔
팔하나	팔둘	팔세	팔네	팔다아	팔여어	팔일곱	팔여덜	팔하홉	구
구하나	구둘	구세	구네	구다아	구여어	구일곱	구여덜	구아홉	백

○ 종결어미

평서형

- −심더 (−습니다, 존칭)

  지가 했심더. (제가 했습니다.)
- −어예 (−어요, 존칭)

  지가 했어예. (제가 했어요.)
- −이소 (−세요, 존칭)

  말씀하이소. (말씀하세요.)
- −구마 (−어요, 존칭이지만 조금 만만하게 대할 때)

  이거 내가 했구마. (이거 내가 했어요.)
- −나 (−라, 동격이거나 아랫사람에게)

  빨리 온나. (빨리 와라.)
- −갑다 (−가 보다, 추측)

  디기 예쁜갑다. (무척 예쁜가 보다.)
- −가베 (−가 보네, 추측)

  배가 고픈가베. (배가 고픈가 보네.)
- −데이 (−다, 다정스럽게 말할 때)

  고맙데이. (고맙다.)

경상도 말모이 니캉내캉

- −레이 (−라, 당부)

  퍼뜩 오느레이~ (얼른 오너라.)
- −라마 (−든지, 약간 시큰둥)

  니 맘대로 하라마. (니 맘대로 하든지.)

의문형

- −꺼? (−까?, 존칭)

  편찮시다카던데 괜찮습니꺼?

  (편찮으시다던데 괜찮으십니까?)
- −능교? (−는지요?, 존칭)

  밥 잡샀능교? (밥 드셨는지요?)
- −어예? (−어요?, 존칭)

  식사하셨어예? (식사하셨어요?)
- −제? (−지?, 동격이거나 아랫사람)

  니도 알제? (너도 알지?)
- −가? (−야?, 동격이거나 아랫사람)

일학년이가? (일학년이야?)

· −고? (−야?, 동격이거나 아랫사람)

누고? (누구야?)

· −노? (−어?, 아랫사람)

및 살 문노? (몇 살 먹었어?)

· −미? (−며?, 아랫사람, 다정스럽게)

올개 학교 들어갔다미? (올해 학교 들어갔다며?)

· −지러? (−지?, 아랫사람, 확인)

숙제는 다 했지러? (숙제는 다 했지?)

청유형

· −시지예 (−시지요, 존칭)

가시지예. (가시지요.)

말씀하시지예. (말씀하시지요.)

· −재이 (−자)

우리 함께 청소 하재이. (우리 함께 청소하자.)

재미있는 이야기

1965년 12월, 서울. 경상도 사투리로 한국말을 하는 외국인 신부님이 있었습니다. 크리스마스 캐롤을 가르쳐 주시면서 "우리 다 같이 노래 부르재이~" 경상도 사투리를 알아듣는 나는 '설마 외국인이 사투리를 할까?' 생각했고, 서울 아이들은 '영어로 하시나 보다' 생각했습니다. 결국, 영어를 아는 수사님이 오셔서 통역하셨습니다.

"Let's sing together."
"우리 다 같이 노래 부르자."

○ 부가 의문문

· 아이가? (아니야?, 확인)

  니가 먼저 좋다 그랬다 아이가?

  (네가 먼저 좋다고 그랬잖아. 아니야?)

· 그제? (그렇지?, 확인)

  니 숙제 다했제? 그제? (너 숙제 다했지? 그렇지?)

· 그자? (그치?, 확인)

  진짜로 재미있다. 그자? (진짜로 재미있다. 그치?)

경상도 말모이 니캉내캉

○ 연결어미

· −제 (−지)

자는 춤 잘 추제, 노래 잘 하제, 공부도 잘 하는기라.

(저애는 춤 잘 추지, 노래도 잘 하지, 공부도 잘 한다.)

· −까네 (−니까)

그라이까네 니가 우리 집에 온나.

(그러니까 네가 우리 집에 와라.)

· −민시나 (−면서)

울고불고해가민시나 얘기한다.

(울고불고해가면서 얘기한다.)

5부

동화

1.

울타리

옥이는 세수하고 빗을 가지고 엄마한테 왔다.

"엄마, 머리 빗겨 도-(줘)."

엄마는 업고 있던 동생을 내려놓고 옥이를 거울 앞에 앉혔다. 빗에 물을 조금 묻혀 빗질한 다음 귀밑머리는 종종머리를 하여 예쁘게 땋아 주었다.

"오늘은 뭐하고 놀끼고?"

"쑥 캐러 갈끼다. 바구니하고 칼 도-(줘)."

엄마는 자주색 꽃모양이 새겨진 예쁜 대나무 바구니와 조그만 칼을 가지고 왔다.

"칼 조심하고 절대로 울타리 밖으로 나가면 안 된데이."

"와 울타리 밖으로 나가면 안 되는데? 딴 아아들(아이들)은 여러 키 몰려 댕기민시나 나물 캐러 댕기는데… 나도 아아들하고 같이 놀고 싶다."

"그카다가 길 이자뿌고(잃어버리고) 집에 못 찾아오면 우짤라꼬… 그리고 요새 문디이들이 아(아이) 잡아가가 간 빼 묵는 카더라."

"모르는 사람 절대로 안 따라간다."

"그래도 안 된다. 멀리 가지 말고 울타리 안에서만 쑥 캐라. 지천에 널린 기 쑥인데 뭐 하러 밖에 나갈라카노…."

"쑥만 많으면 뭐 하노? 아아들은 하나도 없는데…."

"시끄럽다마, 빈터에서 쑥 캐고 정 심심하거든 경비실이나 식당에 가서 좀 놀라마. 공장 쪽으로는 가모 안 되는 거 알제."

"아아들하고 놀아야 재미있지. 맨날 경비실 아재들 아니면 식당 아 저매들 하고만 놀라카노."

옥이가 살고 있는 집은 아버지가 근무하는 방직 회사 안에 있는 사 택이다. 원래 옥이네 집은 밀양에 있었는데, 아버지가 마산에 있는 회사로 다니게 되어서 이곳으로 이사 왔다. 사택은 일제 강점기 때 일본인 사장이 살던 집이라고 했다.

언니와 오빠들이 학교에 가고 나면 옥이는 함께 놀아줄 사람이 없 었다. 아직 말도 제대로 못 하는 네 살 터울 남동생은 엄마가 업고 다 녔고, 여섯 살 옥이는 혼자서 회사 밖으로 나갈 수 없었다.

회사는 아주 넓었다. 방직공장은 왼쪽에 있었다. 가운데에 회사 사 무실과 정원이 있었고 사택은 정원 옆에 있었다. 사택 옆으로는 커다 란 빈터가 있었는데, 그곳이 옥이가 혼자 뛰어다니면서 나비도 잡고 꽃도 꺾고 쑥도 캐는 곳이다.

회사 정문은 차들이 다니는 도로 쪽에 있었다. 정문을 가운데 두고 양쪽으로 높은 빨간 벽돌담이 있어서 아무나 회사 안으로 들어올 수 없었다. 벽돌담은 도로가 있는 쪽에만 있고 빈터의 옆은 울타리만 처 져 있었다. 울타리라고는 하지만 야트막하고 엉성해서 마음만 먹는 다면 아무나 넘어올 수 있었다.

혼자 쑥을 캐고 있는 옥이 옆으로 노랑나비 한 마리가 날아왔다. 옥이는 나비를 잡으려 쫓아갔다. 나비는 쉽게 잡히지 않았고 울타리 쪽으로 날아갔다. 울타리 밖에는 옥이 또래의 아이들이 나물 캐는 바구니를 들고 이쪽을 바라보고 있었다.

"야, 저기 울타리 안에는 쑥이 디기(되게) 많다."

한 아이가 외치자 다른 아이들도 잔뜩 기대하는 눈망울을 하고 울타리 가까이 몰려왔다.

옥이는 설레었다.

'저 아아들이 일로(이리로) 와가(와서) 같이 쑥 캐며 놀면 참말로 좋겠다.'

옥이는 울타리 쪽으로 바짝 다가가서 아이들이 쉽게 넘어올 수 있는 엉성한 곳을 손가락으로 가리켰다. 아이들은 우르르 그곳으로 몰려왔다. 하지만 정작 울타리를 넘어오는 아이는 하나도 없었다. 아이들은 울타리 앞에 모여서 쑥이 많이 있는 빈터를 바라보기만 하였다.

"자가 오라카기는 하지마는 남의 땅에 들어가도 되나?"

"맞다. 울타리는 함부로 넘어가는 거 아이다."

옥이는 아이들이 울타리를 넘어오지 않고 그냥 가 버릴까 봐 조바심이 났다.

아이들은 자기들끼리 수군거렸다. 울타리를 넘어가서 신나게 쑥을 캘 것인지, 아깝지만 울타리를 넘지 않아야 할 것인지를 의논하는 듯했다. 옥이는 빨리 들어오라고 자꾸 엉성한 울타리 쪽을 가리켰다.

아이들은 울타리를 넘지 않는 것으로 의견을 모은 것 같았다.

"자는 참 좋겠다. 저래 쑥이 많은 데서 살고 있으니…."

아이들은 옥이가 부러운 듯 쳐다보며 자기들끼리 떠들며 다른 곳으로 가 버렸다.

'내가 좋겠다꼬? 내가 뭐가 좋은데… 나는 느그들이 부러바서 죽겠는데….'

옥이는 멍하니 서서 아이들의 뒷모습을 바라보았다. 개중에는 미련이 남는 듯 자꾸 뒤돌아보는 애도 있었다.

아이들이 가 버린 후, 옥이는 커다란 돌멩이 위에 앉아서 하늘에 떠다니는 구름만 바라보았다. 쑥 캐는 일도 나비 잡는 일도 다 시시해졌다. 떠들썩하며 몰려다니던 아이들을 가 버리게 한 울타리가 원망스러웠다.

"옥아! 뭐하고 있노? 빨리 가서 저녁 묵자."

해가 져도 돌아오지 않는 옥이를 언니가 찾으러 왔다.

"언니야, 울타리는 와 있노?"

"울타리는 주인 있는 땅이라는 표시다."

"담은 높으니까 못 넘어오지마는 울타리는 낮으니까 얼마든지 넘어올 수 있는데 와 못 넘어 오노?"

"딴 사람은 주인의 허락을 받아야만 들어올 수 있다."

"주인이 어디 있는지 모르는데 우예 허락을 받노?"

"그라이 대문이 있지. 아무튼 울타리가 처져 있으면 넘어가는 거 아이다."

그날 밤 옥이는 꿈을 꾸었다. 울타리는 모두 없어지고 조그만 도랑에 맑은 물이 흘러가고 있었다. 한 무리의 아이들이 활짝 웃는 얼굴로 신발은 벗어서 손에 들고 도랑을 넘어오고 있었다. 빈터에는 많은 아이들이 쑥을 캐고 있었다. 옥이는 신이 나서 쑥 캐는 아이들 사이를 마구 뛰어다녔다. 맑은 물이 흐르고 있는 도랑으로 갔을 때 갑자기 물이 스르르 줄어들더니 전에 있던 울타리로 변해 버렸다.

"안 돼!"

옥이는 두 손을 허우적거리며 소리를 질렀다.

"옥아! 꿈꾸나?"

옆에서 자고 있던 언니가 옥이를 흔들어 깨웠다.

옥이는 아침에 일어나자마자 빈터로 달려갔다. 맑은 물이 흐르던 도랑이 있던 자리에는 울타리가 그대로 있었다. 빈터에는 엉성한 울타리 사이로 들어온 누런 강아지 한 마리가 뛰어다녔고, 울타리 위로는 노랑나비 한 마리와 흰나비 한 마리가 마음대로 넘나들고 있었다.

경상도 말모이 니캉내캉

2.

노란 저고리

이제 스무 밤만 더 자면 설날이다. 여섯 살이던 내가 일곱 살이 된다. 굉장한 날이다. 설날에는 설치리를 입는다. 나 같은 아(애)들은 다홍치마에 색동저고리를 입고 빨간 댕기를 묶는다.

이번 설에는 색동저고리 말고 노란색 저고리를 입고 싶다.

"할매, 요븐 설에는 노란 저고리로 사도-."

할매는 웃으시며 말씀하셨다.

"노란 저고리는 처녀들이 입는 거다. 애는 색동저고리를 입어야지…."

"요새는 애들도 노란 저고리 많이 입는다 카더라. 옆집 숙이도 노란 저고리 산다 카드라. 색동저고리보다 노란 저고리가 더 이쁘다. 노란 저고리로 사도-(사줘)."

"오-야, 알았다."

작년 추석에 우리 집에 물난리가 나서 촌에 있는 할매한테 왔다. 물난리 이름은 '사라호'라고 했다. 우리나라에서 제일 큰 태풍인데, 우리 동네가 가장 큰 피해를 봤다고 했다.

물난리 때문에 우리 동네는 집들이 거의 다 부서져 버렸다. 우리 집은 부서지지는 않았지만, 집 안에 있던 물건들이 물에 떠내려가 버렸다. 둑이 무너져서 동네가 다 쓸려가 버렸다고 했다. 집집마다 사람이 죽었다. 우리 동네에서 식구 중에 죽은 사람이 하나도 없는 집은 우리 집 말고 딱 한 집만 더 있다고 했다.

소문을 듣고 급히 외아재가 오셨다. 이불하고 떡, 쌀, 반찬, 사과, 땅콩 오만 것을 다 가지고 오셨다. 작은 오빠는 당분간 외갓집에 가서 살기로 하고 외아재를 따라갔다. 아직 학교에 다니지 않는 나는 할매를 따라 촌으로 왔다.

인자(이제) 열다섯 밤만 더 자면 설이다. 어지가 장날이었는데 할매는 장에 가지 않으셨다.

'나한테 맞는 노란 저고리 다 팔리뿌모(팔려 버리면) 큰일인데….'

"할매, 와 장에 안 갔노? 노란 저고리 다 팔려 버리고 색동저고리만 남아 있으면 우짜노?"

"괜찮다. 아직 노란 저고리 많이 남아 있다. 다음 장날에 가서 사오모 된다."

또 다섯 밤이나 지났다.

숙이는 어제 사 온 설치리를 살짝 한 번 입어 본다며 다홍치마 노란 저고리를 입고 놀러 왔다. 확실히 색동저고리보다 노란 저고리가 더 이쁘다.

할매는 장에는 안 가고 무언가 생각만 하고 계셨다.

"할매, 어지 와 장에 안 갔노? 내 노란 저고리는 우짤라꼬…."

"어지는 내가 바빠가 못 갔다. 설날까지 아직 한참 남았다."

"인자 열 밤만 더 자면 설날인데… 장사들이 거의 다 색동저고리만 만들고 노란 저고리는 조매이만 만들었다 카더라… 노란 저고리 다 팔리뿌모 우짜노…."

동네에 나가 보니 벌써 설치리를 입고 나와서 놀고 있는 애들도 드문드문 있었다.

'설치리는 설날 아침에 처음 입고 세배하고 나서 집 밖으로 나와서 놀아야 되는 건데….'

"옥아, 니는 요븐에 색동저고리가? 노란 저고리가?"

"아직 안 샀는데, 노란 저고리로 입을 끼다."

"아직도 안 샀다꼬? 그라모 니는 이번 설에는 설치리 안 입을 끼가?"

"설치리를 우예 안 입노. 우리 할매가 바빠서 장에 못 갔다. 다음 장에 가서 사 온다 캤다."

"혜순이는 이번에 신식으로 설치리 샀다."

"신식? 어떤 긴데?"

"빨간 골덴으로 만든 주봉하고 우와기로 된 긴데 우와기에는 노란 색실로 꽃도 그려져 있고 디기 이쁘더라."

"어데서 샀는데?"

"혜순 고모가 부산에서 사 왔다카드라."

"혜순이 고모 도망(가출)갔대메."

"도망가서 고무신 공장 댕깄는데 돈 많이 벌어서 혜순이 설치리도 사 왔다. 부산에는 설치리를 치마저고리로 안 입고 신식으로 입는다 카드라."

"암만 그래도 설에는 치마저고리를 입어야지. 그라고 설날도 되기 전에 설치리 입고 돌아 댕기는 거 아이다."

집에 돌아오니 은근히 부아가 났다.

'별로 바쁜 일도 없는 것 같더만… 할매는 진작 내 설치리나 좀 사오지… 노란 저고리 다 팔리뿌모 큰일인데….'

할매는 자꾸 대문 쪽으로 고개를 돌리셨다.

'누구를 기다리나?'

오늘은 설 전(前)에 서는 마지막 장이다. 그런데도 할매는 장에 안 가셨다.

"할매, 우얄라꼬 장에 안 가노?"

"응 괜찮다. 니 아부지가 사람 시켜가 돈 보낼 끼다. 그라모 장에 안 가도 장사 집으로 가서 사 오모 된다."

이제 설날이 세 밤밖에 안 남았다. 할매는 아직도 내 설치리를 안 사 오셨다. 기가 맥힐 일인데 할매는 괜찮다고만 하셨다.

한밤 더 자고 또 한밤 잤다. 내일이 설날이다. 나는 하루점도록 밖으로 안 나가고 집 안에서만 놀았다.

저녁 늦게 어떤 아재가 왔다. 아버지 심부름 왔다고 하는 것 같다. 수심이 가득하던 할매 얼굴이 환해지셨다.

"오늘이 설날인데 안주 안 일나나… 퍼뜩 일나가 설치리 입어 봐라."

거짓말처럼 내 베개 너머로 다홍치마와 노란 저고리가 예쁘게 개어

경상도 말모이 니캉내캉

져 있었다.

"이거 언제 사 왔노? 어데 가서 사 왔노?"

할매는 어지 아부지가 보낸 돈으로 밤에 사 왔다고 하셨다. 늦게 사는 대신에 비싼 걸로 샀다고 하셨다.

"맞다. 숙이 거보다 확실히 더 좋아 보인다."

할매는 더운 물로 낮부터 씻기고 거울 앞에 앉힌 다음 머리를 빗기기 시작하셨다. 먼저 앞가르마를 반듯하게 탔다. 양옆 짧은 머리는 사이사이 끼워 넣어 가면서 종종머리로 땋았다. 양쪽 귀밑머리가 다 땋아지자 뒷머리와 합하여 하나로 땋았다. 끝은 고무줄로 묶고 위에다 빨간 댕기를 묶었다. 드디어 다홍치마와 노란 저고리를 입었다.

치장을 끝내고 거울 앞에서 이리저리 살펴보았다. 작년에 입었던 색동저고리보다 훨씬 더 이쁘다. 오늘은 머리도 더 이쁘게 땋아졌다. 내 얼굴이 더 예뻐졌다. 동네에서 내 설치리가 제일 좋은 거고, 얼굴도 내가 제일 이쁜 게 틀림없다. 나는 한 바퀴 빙그르르 돌아보았다. 할매는 빙그레 웃으셨다.

찾아보기

ㄹ

경상도 말모이 니캉내캉

경상도 말모이 니캉내캉

경상도 말모이

니캉내캉

ⓒ 손순옥, 2020

초판 1쇄 발행 2020년 9월 18일

지은이   손순옥
펴낸이   이기봉
편집   좋은땅 편집팀
펴낸곳   도서출판 좋은땅
주소   서울 마포구 성지길 25 보광빌딩 2층
전화   02)374-8616~7
팩스   02)374-8614
이메일   gworldbook@naver.com
홈페이지 www.g-world.co.kr

ISBN 979-11-6536-777-0 (03700)

이 도서의 국립중앙도서관 출판예정도서목록(CIP)은 서지정보유통지원시스템 홈페이지(http://seoji.nl.go.
kr)와 국가자료공동목록시스템(http://www.nl.go.kr/kolisnet)에서 이용하실 수 있습니다. (CIP제어번호 :
CIP2020037875)